AF252732

ÉCOLE DU LOUVRE

RITUEL FUNÉRAIRE
DE PAMONTH
EN DÉMOTIQUE

AVEC LES TEXTES HIÉROGLYPHIQUES ET HIÉRATIQUES CORRESPONDANTS

PUBLIÉ

PAR

EUGÈNE REVILLOUT

Professeur à l'École du Louvre,

Conservateur-adjoint des Musées nationaux

LA MORALE ÉGYPTIENNE
LEÇON PROFESSÉE A L'ÉCOLE DU LOUVRE

PARIS

ERNEST LEROUX, ÉDITEUR

LIBRAIRE DE LA SOCIÉTÉ ASIATIQUE

de l'École des Langues Orientales vivantes, de l'École du Louvre, etc.

28, RUE BONAPARTE, 28

1889

Fascicule III, à placer en tête de l'ouvrage comme introduction.

LA MORALE ÉGYPTIENNE

LEÇON PROFESSÉE A L'ÉCOLE DU LOUVRE [1].

Chacun des grands peuples de l'antiquité a eu, pour ainsi dire, sa mission dans le monde : et la mission particulière du peuple égyptien ne nous apparaît pas la moins noble dans l'histoire des origines de cette civilisation dont s'enorgueillissent les temps modernes.

Cette histoire se présente à nous tripartite.

Aux Babyloniens revient sans conteste le mérite d'avoir créé le droit commercial : avec une intelligence merveilleuse de toutes les questions d'intérêts, d'affaires, de tranformation, d'utilisation des valeurs diverses ; avec une intuition surprenante des principes fondamentaux de l'économie politique.

Chez les Grecs, la pensée humaine a pris une ampleur admirable. La poésie ouvre ses ailes et charme par ses chants divins. L'éloquence n'est plus seulement l'accent spontané d'un cœur ému : elle devient un art que l'on cultive, et je dirais presque une science. La philosophie, donnant corps à l'abstraction, proclame le règne de l'idée, le culte du beau.

Mais le droit, en prenant ce mot dans son acception la plus haute ; la morale, ses applications aux rapports des hommes entre eux ; l'organisation équitable de l'état des personnes et de ses conséquences ; la science de l'âme humaine et de ses destinées : voilà quelle fut par excellence, dans l'éducation de l'humanité, la part de ce peuple égyptien infiniment plus ancien que les Grecs.

1. Cette leçon a été prononcée le 17 décembre 1888. Elle a été envoyée aussitôt après à l'imprimerie. Une 3e épreuve du 2 février où toutes les corrections avaient été exécutées et qui est par conséquent identique au tirage actuel a été communiquée de suite à notre illustre philosophe M. Ravaisson. Quelque temps après M. Ravaisson m'a prévenu que, sans doute sur sa demande, ce sujet venait d'être désigné par l'Académie des sciences morales et politique, pour le concours de cette année. Il espérait me voir concourir pour ce prix. Je lui ai répondu que n'ayant d'ailleurs jamais pris part à aucun concours académique dans aucune section de l'Institut et ayant été choisi pour juge à deux reprises par l'Académie des Lincei pour le grand prix royal de dix mille francs, je ne croyais pas devoir concourir dans un cas ou je developpais le sujet qui venait de m'être emprunté, depuis le commencement de l'année scolaire dans un cours public comme professeur à l'Ecole du Louvre. Pour la même raison je crois bon de ne rien changer à ma leçon d'ouverture et de réserver pour un autre travail tout ce que j'y ajouté dans mes leçons suivantes.

Aussi, à l'Orient comme à l'Occident, chez les prophètes juifs comme chez les historiens, les poètes et les philosophes de la Grèce, existait-il la même admiration, presque sans limite, des sages de l'Égypte. Ce sont les sages d'Égypte auxquels Isaïe ne trouve à opposer que la sagesse de Jehova. C'est chez eux que Pythagore, Solon, Platon, les plus illustres par leur sagesse d'entre les Hellènes, sont allés se former d'abord en qualité de disciples, suivant les récits de leur temps. Et nous avons eu l'occasion de démontrer souvent que ces dires des anciens sont confirmés par les documents les plus récemment découverts, et que, par exemple, nous savons maintenant avec certitude que Solon a calqué beaucoup de lois d'Athènes sur celles d'Égypte.

Dans ce qui a persisté jusqu'à nous, la morale, surtout, est, telle que nous la comprenons, tout entière, originaire de l'Égypte.

Chose curieuse ! on peut même dire que, tandis que chez les autres peuples anciens la morale n'était qu'une simple résultante de la religion, en Égypte on tendrait à l'en croire en quelque sorte indépendante, au premier coup d'œil.

Il y a en Égypte un très grand nombre de sages qui ne sont à proprement parler que des moralistes, comme, à une période relativement récente, dans notre monde occidental, le rhéteur Isocrate, Épictète, l'empereur Marc-Aurèle, etc. Le plus ancien des livres du monde n'est-ce pas le livre égyptien des Maximes de Ptah hotep, remontant à la 4ᵉ dynastie : c'est-à-dire à une époque tellement reculée que partout ailleurs elle se perd dans la nuits des temps ? Et plus tard, sous les Ramessides, n'avons-nous pas, dans les Maximes du scribe Ani, un autre livre de morale pure, du même genre ? A ce même genre se rattachent aussi les nombreux traités analogues écrits en démotique et que nous étudierons cette année, ainsi que de curieux traités coptes que nous avons publiés jadis.

La *sagesse*, dont saint Jérôme avait parfaitement vu l'origine égyptienne ; plusieurs siècles après, les gnomes du saint concile, écrites par le grand Athanase, sont les suites légitimes de cette littérature, toute particulière, dont les productions se comptaient par milliers dans la vallée du Nil.

Aussi je ne doute pas, pour ma part, que c'est d'Égypte exclusivement qu'est parti ce mouvement : pour se propager de là dans le reste du monde antique, mais comme l'écho affaibli d'un son. En dehors de l'Égypte tout nous semble écourté. Quelle différence comme grandeur, par exemple, entre la morale juive de l'Ecclésiaste et des Proverbes et celle que nous trouvons professée dans la vallée du Nil ! Et cependant on a déjà remarqué que quelques-unes de ces maximes juives ont été traduites mot à mot de celles de Ptah hotep, etc. Combien Isocrate, si célèbre comme moraliste, nous paraît lui même petit, mesquin, à côté des vieux scribes de l'antique Égypte ! Et cependant Isocrate ne faisait certainement que mettre en œuvre les traductions d'anciens ouvrages d'un pays autre que le sien. Nous en avons la preuve à chaque pas. Comment, autrement, dans son traité à Démonique, cet Athénien aurait-il pu recommander à ce citoyen de la république d'Athènes auquel il s'adresse, de vénérer le roi, d'obéir à ses ordres comme à des lois sacrées, etc. ?

Tout cela sent l'Égypte et vient d'Égypte. Les anciens avaient donc parfaitement raison quand ils faisaient tout remonter à ces vieux maîtres qui disaient à Hérodote : « Vous autres Grecs, vous n'êtes que des enfants. »

Je vous ai parlé tout à l'heure de la morale indépendante des Égyptiens. Il ne faudrait pas habiller trop cette expression à la moderne. Si la morale était indépendante de la religion. c'est qu'au fond cette morale était pour les Égyptiens la religion même.

En effet, Messieurs, quelle que soit l'idée qu'on se forme de la mythologie égyptienne, sur laquelle on a tant discuté et sur laquelle on discutera encore longtemps ; que les Égyptiens aient été ou non monothéistes dans le fond et polythéistes dans la forme ; qu'ils aient adoré leurs animaux sacrés comme des dieux ou des symboles, ou bien encore comme des fétiches : ce qu'il y a de certain, d'incontestable, c'est que l'élément essentiel de la vraie religion égyptienne c'était l'homme et sa destinée.

N'allez pourtant pas croire que cette religion n'était qu'une philosophie athée, comme le bouddhisme ; et qu'un *nirwana* final, néant ou absorption dans l'Être universel, était considéré comme le suprême résultat auquel devait parvenir la vertu la plus haute. Non, l'Égyptien croyait en Dieu, et il croyait également, par la même raison, en la persistance de l'âme humaine. Les coupables seuls devaient être décapités dans l'autre monde. C'était par la vertu que l'âme se purifiait et s'élevait, comme plus tard chez les Bouddhistes. Mais c'était pour devenir un autre dieu, un autre Osiris, Osiris demeurant toujours absolument indépendant de « l'Osiris du ciel » — pour nous servir d'une expression démotique — c'est-à-dire de cet « Être bon », martyr du bien, qui représentait la divinité dans son acception la plus haute.

Peu importait par conséquent qu'on vénérât Amon à Thèbes, Ptah à Memphis, ou ailleurs un crocodile, un chat, un chacal. L'important, le seul nécessaire, c'était d'imiter Osiris et de devenir un autre Osiris — Osiris — le grand prototype de la vertu, même de la vertu persécutée.

Dans les livres de morale on pouvait donc faire abstraction de tout autre culte que de celui de la vertu, du beau, du bien et du vrai : de cette vérité dont il fallait vivre et qu'il fallait montrer dans toutes ses œuvres, suivant les expressions égyptiennes. Sans doute les sages égyptiens, préoccupés du beau et du bien, ne méprisaient pas toujours l'utile dans leurs conseils. Il est tel axiome qu'un Juif pouvait copier sans cesser d'être Juif — mais en ne copiant pas les autres.

Être un nouvel Osiris, comme lui impeccable, comme lui déifié : telle était la continuelle préoccupation de l'Egyptien pendant sa vie, son idéal après sa mort.

Et cela, nous le retrouvons dès les plus anciennes dynasties, avec Anubis et les autres éléments du culte funéraire, avec le souhait d'une réviviscence, d'une résurrection, d'un bonheur d'outre-tombe, — parfois un peu matérialisé, mais aussi parfois illuminé, pour ainsi dire, par de grands aperçus.

De même que le soleil disparaît à l'horizon, pour bientôt reparaître aussi brillant ; de même que la nature, un instant assombrie par les apparences de caducité automnales, reprend, bientôt après, tout l'éclat de sa jeunesse printanière : de même les Égyptiens croyaient que l'homme, lui aussi, disparu du monde des vivants, devait y reparaître un jour plus glorieux que jamais.

De là le soin qu'ils mettaient à conserver à cet homme son enveloppe première.

De là l'invocation funéraire de ce soleil dans la barque duquel voyageait le défunt.

De là les libations versées sur la tombe et destinées à arroser le germe éternel. De là aussi les prières multiples, destinées à écarter de l'âme, pendant son trajet à travers l'hémisphère inférieur, les terreurs et les dangers de cette course nocturne.

Mais, en même temps et surtout, de là le soin extrême que mettaient les moralistes à indiquer aux hommes leurs devoirs ; car c'était à l'accomplissement intégral de ce devoir et, je le répète, à une impeccabilité à peu près absolue, qu'était intimement liée pour l'Égyptien l'espérance légitime de devenir un autre Osiris, jouissant d'un bonheur éternel. Le côté pénitentiel, — si développé chez les anciens Babyloniens et chez les Hébreux, qui a donné lieu, chez les uns comme chez les autres, à tant d'admirables psaumes ayant pour base le repentir des fautes passées — ne se trouve qu'à l'état de trace chez les Egyptiens. Dans tous nos monuments du Louvre, à peine en avons-nous noté un ou deux, — une petite pyramide n° 43, par exemple, — où l'on voit prier Osiris d'écarter tout mal, tout péché de la personne du mort en lui faisant trouver grâce. Ce n'est guère qu'à la dernière époque, et par suite d'influences étrangères, que l'idée de repentir, d'intercession et de pardon prit de l'importance. Nous l'apercevons nettement dans le Papyrus de Pamont du temps de Néron, — comme, plus tard, chez les Égyptiens d'époque chrétienne, après le concile d'Alexandrie, tenu par saint Athanase en 362. Mais dans les stèles les plus anciennes — comme dans les premiers documents coptes — l'impeccabilité est la règle. Le défunt se vante d'avoir été l'honnête homme par excellence, un héros de vertu, selon ces indications du chapitre 125 du livre des morts sur lesquelles nous aurons bientôt à revenir. A cette condition seule il devenait un autre Osiris et pouvait être adoré, comme tel, tout autant que l'Osiris céleste.

Vous avez sans doute parcouru souvent, Messieurs, les salles du bas de nos galeries égyptiennes. Eh bien ! dans la multitude des stèles, des bas-reliefs, qu'elles renferment, vous n'en trouverez peut-être pas dix sur lesquelles cette idée fondamentale ne soit pas nettement exprimée, au milieu des faits dont on a voulu conserver aussi le souvenir.

A plus forte raison ne trouve-t-on point de doctrine contraire. Si quelque esprit fort, épicurien en renom, — comme le grand prêtre Pshèrenptah, père d'un prophète d'Auguste, — veut glisser dans l'esprit de ses lecteurs un doute sur l'immortalité, il a bien soin de l'entourer de pieuses formules et de faire multiplier le plus possible les rites funèbres. De tout temps, il en avait été ainsi en Egypte ; car l'opinion générale était contraire à l'incrédulité.

Ajoutons que de ce dogme de la divinisation du mort relevait aussi le vivant, — comme nous l'avons déjà montré et comme nous le montrerons sans cesse dans notre cours de droit égyptien. En Egypte tout homme peut devenir Osiris : et cette déification suprême efface en grande partie les inégalités des conditions dans la vie terrestre. Spécialement chargé des services funéraires envers son père, le fils y figure accompagné par tout le reste de la famille, y compris les gens de service, les esclaves. En effet ceux-ci retrouveront le mort dans l'autre monde et pourront devenir, comme lui, d'autres Osiris. A défaut du fils, à défaut de tout autre membre de la famille, ce sont les esclaves qui sont chargés du culte du mort. Et — par une réciprocité qui ne rappelle en rien la religion des ancêtres, telle que les Chinois la comprennent, ou la subordination familiale du monde romain — quand le fils meurt avant son père et sa mère, ce sont ceux-ci qui l'adorent, en première ligne, en sa qualité d'Osiris. Vous verrez des tableaux de ce genre sur les stèles numérotées c 178, c 176, c 52, c 184 et sur bien d'autres. Quand ils sont morts tous les trois, le fils prend place entre son père et sa mère, comme dans la stèle c 72, où, à défaut de parents, ce sont les esclaves qui leur rendent le culte funéraire. Parfois le fils prévoit cette réunion finale alors même qu'il est vivant et qu'il agit expressément à titre de dédicateur de la stèle. Il se joint donc d'avance à ses parents défunts, adorant l'Osiris céleste ; et, quand il leur a rendu lui-même les devoirs funèbres, il s'assoit en face d'eux sur son siège éternel (voir le n° c 82). Ou bien encore (c 211) il prie pour lui-même, pour sa femme, ainsi que pour son père et sa mère, etc.

Nous avons déjà dit que, dans la famille, les fils étaient en premier lieu chargés des devoirs funèbres. Mais un très grand nombre de stèles nous montrent soit un frère, soit une sœur, soit une femme aimée accomplissant, ou faisant accomplir les mêmes rites (voir les n°ˢ c 22, c 40, etc.). Toutes les classes de la société se confondent, pour ainsi dire, auprès du nouvel Osiris, dans un hommage commun : l'intendant, la servante, la nourrice défilent devant ses yeux, et parfois cette dernière est représentée allaitant l'enfant, qui figure, devenu homme, sur le même registre et qui est adoré comme dieu.

Peu importent les dates et la chronologie, puisque le mort participe maintenant à l'éternité divine. Aussi, certaines stèles, le n° c 34 par exemple, représentent-elles à la fois l'Osiris jeune et l'Osiris vieux, se faisant face ; tandis que la légende raconte les bonnes œuvres du mort et le recommande aux prières des prêtres, qu'il a comblés.

La résurrection, le bonheur éternel de celui qui a fait le bien, telle est en effet la sanction de la morale égyptienne.

Sous ce rapport, les rituels les plus récents ressemblent étrangement aux monuments les plus antiques.

Toute la mythologie compliquée qui remplit à l'époque classique le livre des morts s'est effacée de nouveau.

On ne parle plus que du défunt, de l'Osiris lui-même, qu'entourent et escortent les divinités d'outre-tombe, les juges du sacré tribunal : c'est-à-dire Osiris du ciel, Athor de l'Amenti, Horus le vengeur de son père Osiris, Anubis le conducteur des âmes, les divines pleureuses Isis et Nephthys, Thot le greffier du jugement. On montre le mort justifié, divinisé. On décrit la joie qui l'attend. On parle des vertus qui ont mérité cette joie éternelle : et c'est tout.

Je viens de vous analyser en quelques lignes le rituel démotique de Pamont, du temps de Néron, que nous étudierons tout d'abord dans les leçons prochaines.

Permettez-moi maintenant d'entrer dans quelques détails.

Ce rituel comprend plusieurs chapitres :

Le premier n'a pas de correspondant ou d'analogue, à nous connu, dans les exemplaires du livre des morts hiéroglyphiques ou hiératiques. Il est consacré à résumer brièvement toute la doctrine de la déification du mort. En voici la traduction littérale :

« Écrits de *pir em hou*[1].

« O Osiris Pamont qu'a enfanté Tsépsémont ! On connaît ton âme. Dieu est satisfait des « souffles de ton cœur. Osiris est en joie. Tu reçois l'encens, les libations, chaque jour de « l'Éternité, de la main d'Isis et de Nephthys. Horus est tranquille auprès de son roi. Il fait « son repos. Près de toi est la vérité. Hathor t'exalte. Anubis, l'ensevelisseur, fabrique tes « bandelettes. Il rend tes chairs semblables à celles de l'Osiris-Khent-Ament[2]. Il se réjouit de « ta durée éternelle. Il te reçoit dans le lieu de vérité. Il fait ton œil voir, tes oreilles entendre, « ton pied marcher, dedans, dehors. Il écarte toutes les impuretés qui sont dans ton âme. « Dans cet état de stabilité, ta main est pure, de toute pureté. Ton cœur est dans la vérité, « loin de tout mensonge. Tu manges, tu bois par ta gorge. Une huile pure est sur tes chairs. « Tes membres purifiés, sans sueur, sont animés[3] par la main de *Shu*[4]. Les hommes te « pleurent. Les femmes se lamentent sur toi. Les pleureuses poussent des cris pour accomplir « les prières de *Sensen*[5]. C'est Thot, qui est ton protecteur, qui les a écrites de sa divine « main, lui-même. Il fait que tes paroles sont bonnes devant Osiris. Tu regardes, dans la « salle de vérité. Ton embaumement y demeure : tes os y sont. »

Ici se trouve une lacune d'une ligne. Sans doute on y opposait aux lamentations funèbres l'espoir d'une bonne résurrection ; car le texte continue ainsi :

« (Combien sont grandes) tes beautés ! Tu approches sur la terre, sans aucun défaut. A toi les « génies resplendissants ! A toi ceux-là qu'aime Osiris ! Il te fera entrer dans la demeure divine. « Tu navigues vers le ciel. Tu t'unis avec Osiris, tu te réjouis sans que personne y mette obsta- « cle. Tu marches sur la terre. Tu vas à l'Amenti : tu y sièges sans que personne t'en empêche. « Tu vas au *Tiaou* : tu te réunis aux esprits ; tu chantes Osiris. Il te dit : Courage ! viens ! — Il « fait rester ta sépulture dans l'Amenti. Ton nom demeure dans le monde. Ta maison reste « pour tes enfants et tes gens. Grand est ton nom pour l'éternité ! »

Tel est le premier chapitre servant d'introduction.

Le second, également inconnu jusqu'à présent, est un tableau parlé, si je puis m'exprimer ainsi. C'est la description de la salle du jugement, telle à peu près que nous la représentent, soit les peintures, soit les dessins d'un très grand nombre de papyrus funéraires, dans les vignettes relatives à ce chapitre de la comparution de l'âme devant Osiris. Notons pourtant qu'un personnage, la déesse Hathor de l'Amenti, — qui est aussi appelée dans les textes déesse Ament, — joue un rôle important dans ce tableau parlé et n'apparaît pas le moins du monde dans les vignettes. D'après celles-ci la balance repose sur le sol ; tandis que, d'après notre

---

1. Le livre de *Pir em hou* est le titre général du grand rituel funéraire. Ce mot signifie « sortir dans le jour » ou « en dehors du jour. » Le préposition *em* a en effet le double sens « dans » et « de ».

2. Khentament signifie « résidant dans l'Amenti » c'est-à-dire dans la demeure des morts. Il s'agit par conséquent de l'Osiris funéraire, que l'on représente momifié et entouré de bandelettes.

3. Il est curieux de voir que chez la plupart des peuples anciens la même racine exprimait les idées de souffle, d'âme et d'animation vitale.

4. Dieu solaire.

5. Le mots *Sensen* se retrouve dans le titre de l'un des livres funéraires. La racine signifie « respirer » et par suite « animer ». Les prières de *Sensen* peuvent donc se comprendre comme des prières ayant pour objet la résurrection.

papyrus, cette déesse de l'Amenti tient la balance, de son bras. Faut-il croire que l'auteur du rituel de Pamont se soit inspiré des figurations des sarcophages, où la déesse Ament, faisant face à la déesse Nout, personnifie le monde inférieur et supporte le mort, tandis que Nout personnifie le monde supérieur et le recouvre? Faut-il croire que ce soit par conséquent le sol lui-même de l'Amenti qu'il faille entendre par ces mots : « Le bras de la déesse Hathor de l'Amenti » portant la balance? En tout cas, l'Amenti serait personnifié de la façon la plus complète. Ce qui tient la balance, c'est une grande déesse, la reine suprême. Elle pèse l'homme, et par conséquent joue pour ainsi dire le rôle principal. Isis et Nephthys, qui quelquefois sont représentées dans le jugement suprême derrière le siège du juge, c'est-à-dire de l'Osiris céleste — mais qui ont pour rôle funéraire de veiller sur Osiris alors qu'il est couché sur son lit funèbre — accompagnent ici Pamont, devenant lui-même un autre Osiris. Elles tiennent la place qu'occupe d'ordinaire la vérité, ou les deux vérités, derrière le mort que l'on juge. Le résultat de ce jugement est prévu. Isis en effet porte un lis [1], qu'elle lui présente, et dans un vase *neb* une offrande pure. Lui-même tient un lis avec le rameau, dont Anubis a rempli sa main, comme dans la vignette d'un papyrus de Leyde.

Voici d'ailleurs, traduite mot pour mot, cette description formant le second chapitre :

« Les dieux de la salle de vérité : les quarante-deux dieux qui font justice, en suivants d'Horus [2], en haut de la salle de vérité.

« Une princesse Hathor de l'Amenti, la reine suprême. Elle pèse l'âme, et son bras est « celui qui porte la balance. Il se trouve que Thot a sa gauche à la droite de celle-ci.

« Horus, le vengeur de son père, vérifie son poids, et Anubis la saisit à la partie sur laquelle « est la vérité. Il la met en équivalence avec la partie de la balance dans laquelle il est, lui « (Pamont). Thot lit de l'écriture dans un livre. Sa main est sur la plateforme sur laquelle « siège la déesse de la destruction, ayant une tranchante dans la main, ayant une épée et un » sceptre *hek* devant elle. (Voilà) l'homme dont Anubis a rempli la main d'un lis avec le « rameau : sur le rameau fleuri sont les quatres dieux Mesu Hor [3]. Une puissance divine — « qui est Isis — est derrière lui. Elle approche d'eux (c'est-à-dire des divins juges) un vase « *neb*, dans lequel il y a des offrandes pures, et elle avance un lis devant lui. Derrière lui. « d'un côté est Isis, et de l'autre côté est Nephtys. »

Je vous ai déjà dit, Messieurs, que la vignette ici dépeinte est placée dans les papyrus funéraires de manière à faire corps avec le chapitre 125. Il en est de même de ce *tableau parlé* dans le papyrus de Pamont. En effet, les décors étant ainsi posés, la toile se lève sur le jugement de l'âme.

Ecoutez d'abord la déclaration de celui qui vient comparaître :

---

1. Le mot *seshen* désigne le lotus dans les représentation hiéroglyphiques ; mais il traduit lis dans les livres bibliques coptes et on semble lui attribuer dans le rituel de Pamont un symbolisme analogue à celui qu'a maintenant le lis chez nous.

2. *Shesu hor*. Voir ce que nous disons plus loin sur cette expression, si célèbre dans les textes mythologiques hiéroglyphiques.

3. Les quatre *mesuhor* sont les quatre génies funéraires Hapi, Kebhsennuf, etc. Ils sont appelés *mesuhor* par les rituels de l'ensevelissement démotiques et hiératiques. Dans le papyrus de Leide dont j'ai parlé plus haut, le mort tient en effet les quatres génies funéraires sur le rameau fleuri de lotus.

« Ecrits pénétrant dans la salle des dieux qui jugent, pour rendre bon l'homme, pour lui faire voir la face des dieux :

« Je me présente devant vous, ô Seigneurs de vérité ! Je me présente devant toi, Dieu « grand, seigneur de justice ! Je vais vers toi, mon Seigneur, pour voir tes beautés. Je « connais ton nom, je connais le nom des 42 dieux qui sont avec toi dans la salle du jugement. « Ton nom est seigneur de justice. Je l'ai accomplie, la justice. J'ai fait connaître votre nom, « seigneurs de vérité. Je vous ai apporté, du reste, la vérité. J'ai tenu écarté de vous le mal.

« Je n'ai dit de mensonge à aucun homme.

« Je n'ai pas violenté la veuve.

« Je n'ai pas dit de parole fausse dans le lieu de justice.

« Je n'ai pas fait de mal.

« Je n'ai pas obligé l'homme à travailler chaque jour plus qu'il ne lui appartenait.

« Je n'ai pas tenu en prison [1] d'homme dépendant de moi.

« Je n'ai point fait être infirme. Je n'ai point fait être pauvre. Je n'ai point fait ce qui est « l'abomination des dieux.

« Je n'ai point fait tort à l'esclave devant son maître.

« Je n'ai point fait avoir faim. Je n'ai point fait avoir soif.

« Je n'ai point fait pleurer.

« Je n'ai point ordonné le meurtre en trahison.

« Je n'ai point mangé le pain sacré (ou le revenu) du temple. Je n'ai point offensé le maître des dieux. Je n'ai point enlevé les pains sacrés. Je n'ai point vendu les bandelettes des morts.

« Je n'ai point fraudé sur le poids de la balance.

« Je n'ai point enlevé le lait au petit enfant.

« Je n'ai point écarté l'herbe de la face des bestiaux.

« Je n'ai point pêché les poissons qui sont à Dieu.

« Je n'ai point écarté l'eau (de l'irrigation fertilisante) au moment de sa sortie. Je n'ai « pas fait de digue devant l'eau pour l'écarter.

« Je n'ai point éteint la flamme à son heure légitime. Je n'ai point troublé les sacrifices des « dieux. Je n'ai point troublé les bœufs du divin domaine. Je n'ai point violenté dieu dans sa « manifestation.

« Je suis pur de toute manière. Ma pureté est celle du dieu qui est dans Héracléopolis. Il « n'y a rien de faux en moi dans cette terre du jugement. Comme je connais les noms des « dieux qui sont avec toi dans la salle des jugements, sauve-moi d'eux. »

Ici se termine la première partie de la confession négative, partie qui renferme déjà une affirmation d'innocence par rapport, à peu près, à tous les genres de fautes qui auraient pu être imputées au défunt.

---

1. Dans tout le monde antique, les particuliers avaient leurs prisons pour leurs esclaves et souvent aussi pour leurs débiteurs. Nous savons par une série de contrats démotiques que ce fut seulement sous Darius — et non sous Bocchoris, comme Diodore de Sicile l'avait prétendu — qu'en Egypte les débiteurs cessèrent de pouvoir donner leurs personnes en gage de leurs dettes. A Rome le célèbre Appius Claudius, qui prêtait beaucoup, avait fait construire des prisons immenses où il enfermait ses débiteurs et qu'il appelait complaisamment « le domicile du peuple Romain. »

Vous l'avez remarqué, Messieurs, ce que nous nommons la charité y joue un rôle considérable ; et les devoirs envers les hommes y sont placés exactement sur la même ligne que les devoirs envers les dieux. Rappelez-vous, par exemple, ce paragraphe où le défunt s'écrie : « Je n'ai point fait être infirme. Je n'ai point fait être pauvre. Je n'ai point fait ce qui est l'abomination des dieux. Je n'ai pas fait tort à l'esclave devant son maître. Je n'ai point fait avoir faim. Je n'ai point fait avoir soif. Je n'ai pas fait pleurer. » D'après la place qu'occupe ici « ce qui est l'abomination des dieux », ne croirait-on pas que c'est surtout un manquement à la charité ?

Cette charité est poussée bien loin : car s'il ne faut pas enlever le lait au petit enfant, il ne faut même pas écarter l'herbe de devant les bestiaux qui la mangent.

A plus forte raison toute atteinte contre le bien-être général, contre la production du sol et l'irrigation fécondante devient un crime irrémissible. Ceci fut conservé à l'époque romaine même, dans la législation particulière à l'Egypte, où l'on punissait de mort tout ce qui pouvait nuire au régime des eaux.

Après cette première confession générale, vient dans les rituels hieroglyphyques toute une série de confessions particulières, si je puis m'exprimer ainsi.

Chacun des 42 assesseurs d'Osiris est censé faire une question, ou du moins, à chacun on fait une réponse après avoir salué par son nom le dieu auquel on s'adresse. Ici les deux juges sont nommés *shesu Hor* ! c'est-à-dire les suivants d'Horus vengeur de son père Osiris. Osiris, « l'Être bon » (Ounnofré), avait été victime de l'être mauvais. Son fils Horus, pour le venger, pour amener le triomphe du bien, s'était entouré de compagnons, chargés chacun de poursuivre le mal sous une de ses formes. Quiconque voulait devenir un autre Osiris devait donc avoir pu subir avantageusement l'examen de tous les compagnons d'Horus.

L'auteur du rituel démotique de Pamont a bien ainsi compris le chose. Mais il lui a paru aussi simple de grouper d'abord un certain nombre de ces *shesu Hor* en les invoquant par leur titre, puis d'adresser collectivement à tout ce groupe la série des affirmations de pureté et d'innocence qu'il avait à faire à chacun d'eux.

Ajoutons que dans cette partie, toute mystique, la confession négative des rituels, soit hiéroglyphiques soit hiératiques, devenait souvent peu compréhensible ; tandis qu'elle l'est parfaitement dans notre rituel de Pamont.

Je ne vous donnerai pas l'énumération des dieux juges, qui commence ainsi : « Écoute ! ô celui qui élargit sa marche et qui sort d'Héliopolis ! Écoute ! ô celui dont la bouche est ouverte et qui sort de la demeure du plérome des dieux, etc. »

Mais voici la suite de la partie qui nous intéresse surtout, c'est-à-dire de la partie morale :

« Je n'ai pas été injuste.

« Je n'ai pas fraudé. Il n'y a pas de fraude dans mon cœur.

« Je n'ai pas volé.

« Je n'ai pas tué d'homme par trahison,

« Je n'ai pas mangé le pain (ou le revenu) sacré.

« Je n'ai fait le mal. *Je n'ai point empêché de faire le bien*

« *Je n'ai point poussé vers le mal.*

« Je ne me suis pas emparé de bête de somme appartenant aux dieux.

« Je n'ai point fait de mensonge.... Je n'ai pas dit de mauvaise parole. Je n'ai pas élevé la voix (par orgueil ou par colère).

« Je n'ai pas commis d'adultère ou d'acte impur.

« Je n'ai pas empêché mes oreilles d'entendre la vérité. Je n'ai pas fait le mal par la force « de ma main. »

Ici Pamont en revient à l'ordre ordinaire du chapitre 125 et s'adresse séparément à chacun des derniers dieux :

« Écoute ! Nofre tum, sortant de Memphis ! Je n'ai point entaché mon nom. Je n'ai pas « souillé celui d'un pur [1].

« Écoute ! celui qui n'est point en reste, sortant du temple d'Osiris ! Je n'ai point maudit le « roi. Je n'ai point maudit mon père.

« Écoute ! celui qu'il aime, sortant des momies. Je n'ai pas mis obstacle à la navigation d'une barque sur l'eau.

« Écoute ! jeune homme qui brille sur l'abîme ! Je n'ai pas eu de parole altière.

« Écoute ! celui qui rend bons les hommes et qui sort de Saïs ! Je n'ai pas blasphémé Dieu.

« Écoute ! celui qui interroge les dieux, sortant d'Héliopolis ! Je n'ai pas fait tort à l'esclave devant son maître.

« Écoute ! basilic qui sort de l'Oasis ! je n'ai fait de mal à personne.

« Écoute ! serpent sortant de la demeure de Ptah ! Je n'ai pas élevé ma personne en invoquant « la divinité.

« Écoute ! Thot, sortant de l'Amenti ! Je n'ai pas affaibli Dieu dans mon cœur. »

Qu'on le remarque, dans cette répétition de la confession négative, on atteint déjà un degré de perfection plus relevé. Non seulement le défunt n'a pas fait de mal par lui-même ; non seulement il n'a pas poussé autrui à en faire ; mais il n'a pas empêché de faire le bien ; mais il n'a pas affaibli Dieu dans son cœur ; mais il n'a pas pris devant les dieux une attitude pharisaïque ; mais il n'a pas dit de parole mauvaise. Il s'est montré humble, modeste, bienveillant, comme il était vrai.

Nous en arrivons maintenant à la troisième partie de ce chapitre, celle qui est consacrée dans les rituels à la confession affirmative. Au point de vue de l'art, il faut remarquer que cette confession affirmative, imitée de celle des anciens rituels, s'offre à nous dans le papyrus que nous étudions avec des suppressions et des additions, très bien comprises, qui lui donnent un tout autre aspect. On peut dire que le texte démotique est ici, comme, du reste, dans tout ce qui précède, — bien supérieur au texte hiéroglyphique.

« Je prie devant vous, ô dieux. Je vous connais et j'ai fait connaître vos noms. Ne me « renversez pas. Ne m'imputez pas de péché mien envers Dieu avec qui vous êtes. Aucun « péché mien ne vient devant vous encore, puisque j'ai fait ce qui *est doux au cœur des*

---

1. Le mot *ouèb* « purifié » se trouve sans cesse employé pour désigner les prêtres. Il est traduit par ιϵρωϛ dans les décrets trilingues.

« *hommes* et des dieux. C'est à cela que j'ai mis la main. J'ai donné du pain à celui qui avait
« faim, de l'eau à celui qui avait soif, des vêtements à celui qui était nu, une barque à celui qui
« n'en avait pas. J'ai donné les divines offrandes aux dieux, du pain et de l'eau aux défunts.
« Ces choses me sauvent. Vous m'avez fait connaître, à cause de cela, qu'il n'y avait point
« pour vous d'accusation contre moi devant les grands.

« Ma bouche est pure par les choses que j'ai dites. Mon cœur est pur. Par devant (c'est-à-
« dire ostensiblement) et par derrière je suis pur en tout. Il n'y a point de membre en moi
« qui ait fait le mal.

« Tu viens à moi (ô mon Dieu), tu arrives à moi, tranquille. Ils me saluent tous, lorsqu'ils
« me voient, parce que j'ai entendu la grande parole qu'à faite Osiris pour établir cela. »

Il faut remarquer que la partie correspondante du texte hiéroglyphique se termine tout
autrement. Selon l'excellente version de M. Pierret le dernier verset porte :

« Celui qui l'aperçoit dit : Qu'il arrive en paix ; car l'Osiris un tel a entendu la grande
« conversation de l'âne avec le chat dans la demeure de Pat. »

J'avoue que je préfère ici la grande parole d'Osiris innocentant le défunt à la *grande
conversation de l'âne avec le chat*, — quel que soit d'ailleurs le sens attaché à ces expressions
pour les initiés dans les mystères.

Après cela nous rencontrons dans le rituel de Pamont un nouveau morceau tout à fait
spécial, qui n'a, ni de près ni de loin, aucun correspondant dans les rituels hiéroglyphiques ou
hiératiques.

Le chapitre 125 se trouve complètement interrompu dans le démotique par l'introduction
de ce nouveau chapitre ; tandis que dans le rituel hiéroglyphique il se continue par des paragraphes peu intéressants, que le démotique n'a pas traduits.

Le chapitre intercalaire, dans ce dernier texte, commence par un tableau parlé (de même
que le chapitre 125 y débutait par un tableau parlé) :

« Dans la ville de Memphis, une statue de Sokar Osiris à face d'épervier, ayant une déesse
« qui la protège et ayant en diadème un basilic d'argent sur la tête. C'est devant cette statue
« que la Vérité divine amène l'homme. »

Après la mise en scène, le titre (comme pour le chapitre 125) :

« Paroles qu'a dites le véridique Pamont enfanté par Tsépsémont, en bénissant Osiris. »

Puis, les paroles attribuées au mort :

« Je viens. Je me fais recevoir par toi en ta puissance. Je comparais devant toi aujourd'hui.
« Je te fais les offrandes pures : de pain, de bière, de bœuf, d'oie, de vin, de toute bonne provende.

« Lève-toi, Osiris ! Consomme tes bonnes offrandes. Ta main est puissante !

« Ecoute Osiris ! Apaise-toi ! Il est bon ton nom de Majesté qui s'apaise. Tu te rends bon,
« selon ton nom [1], pour moi

« Bénédiction sur toi ! ton nom est : « celui qui juge les chemins [2]. » En ton nom de juge

---

1. Osiris se nomme Oun nofré, « l'être bon ».
2. Cette expression « le chemin, la voie », se trouve aussi bien dans le babylonien que dans la Bible pour désigner
la ligne de conduite qu'a suivie l'homme pendant sa vie.

« écoute, Osiris ! Je viens m'adresser à toi. J'ai justifié ta parole devant les dieux qui jugent. »

Ici le dieu parle à son tour : « Tu as donné la nourriture à ceux qui sont dans la demeure funéraire. Tu as prié les dieux. Tu entends la parole de vérité en ce jour. »

Arrêtons-nous un instant pour nous demander à quoi se rapporte la scène qui vient d'être décrite et qui est tout à fait étrangère au livre des morts proprement dit.

Cette scène se passe sur la terre, dans la ville de Memphis ; tandis que celle du jugement se passait bien loin de la terre, dans le monde des morts. Y avait-il donc une cérémonie indispensable pour assurer au défunt son entrée dans le royaume d'outre-tombe ?

Vous n'avez pas oublié, Messieurs, que chez les Grecs il en était ainsi. On croyait que les morts, à défaut de funérailles, ne pouvant jamais être admis dans le domaine de Pluton, erraient malheureux, à l'état d'ombres, au milieu des vivants.

Les Athéniens surtout, imbus de cette croyance, se montraient d'une sévérité impitoyable pour les généraux, vainqueurs ou non, qui, dans une bataille navale, par exemple, avaient négligé leurs morts.

En Égypte, nous apprenons par un autre rituel — celui des funérailles, tout différent du livre des morts et qu'a traduit notre ancien élève, M. Schiaparelli — qu'un sacrifice solennel était fait en l'honneur du mort avant qu'il ne fut introduit dans les catacombes.

C'est à ce service religieux, comprenant diverses offrandes, que se rapporte évidemment le chapitre précédent du rituel de Pamont.

Dans le rituel des funérailles de Schiaparelli, la statue à laquelle on faisait des offrandes était celle du mort lui-même, devenu Osiris. Dans notre composition démotique, c'est celle du divin Sokar Osiris — considéré comme juge, mais entouré de ses bandelettes à la façon d'une momie, et que protège une déesse, suivant les expressions du texte démotique. Quelle est cette déesse protégeante ? Est-ce une Vérité — ailée à la façon d'Isis — qui reçoit quelquefois ce titre de protégeante « *Xut* » par rapport à Osiris ? Est-ce Isis, elle-même ailée, qui souvent, dans la même posture, joue le même rôle par rapport à Osiris couché ? Est-ce Isis, sans ailes, protégeant Sokaris couché, comme dans le naos mythologique d'Amasis, dans lequel Sokaris a une tête humaine au lieu d'avoir une tête d'épervier ? Ou bien l'auteur avait-il sous les yeux et voulait-il dépeindre la vignette qui, dans le rituel funéraire traditionnel, accompagne habituellement le chapitre 148 ? Dans cette vignette, Sokar Osiris — à tête d'épervier [1], mais à corps humain, et entouré de ses bandelettes comme une momie — est placé debout et sur une sorte de piédestal, où le protège la déesse Ament, et reçoit ainsi les offrandes du mort. Quoi qu'il en soit, le texte ne reproduit nullement celui du chapitre 148, — ce fameux chapitre, mystérieux par excellence, qu'il ne fallait communiquer à personne qu'au roi seul ou au kerheb officiant.

Puisqu'il place la scène à Memphis, l'auteur du papyrus de Pamont a bien en vue les cérémonies des funérailles proprement dites.

---

1. Nous avons vu tout récemment un bronze égyptien très fin et avec des incrustations d'or représentant Sokaris ou Sokar Osiris, à tête d'épervier, assis sur un siège et derrière lequel se trouve un déesse les ailes étendues pour le protéger. Ce bronze est jusqu'ici unique et je ne le connaissais pas lors de ma leçon. (Addition faite sur une épreuve reçue en janvier.)

Il ne faut pas s'étonner s'il remplace la statue du mort par la statue divine de Sokar Osiris, car nous avons déjà eu, plus haut, l'occasion de faire remarquer cette tendance des basses époques à réaliser pleinement l'identification du mort avec Osiris, — sous toutes ses formes mythologiques — avec ce *dieu bon*, dans le sein duquel on le faisait rentrer, selon les idées néo-platoniciennes.

A ce point de vue, notre papyrus est infiniment intéressant. Sa date le place très près du temps où le fameux Valentin, s'inspirant, d'après Tertullien, de la théologie égyptienne, créa, dans le christianisme, la secte panthéiste qui remplit bientôt le monde entier. Du temps de Tertullien, les Valentiniens étaient, de beaucoup, les plus nombreux des hérétiques [1]. Le païen Ammonius, qui fut le maître de Plotin, de Longus et de notre Origène, devait puiser le néo-platonicisme à la même source égyptienne. Chez les Valentiniens, chez les disciples d'Ammonius, y compris Origène, les mots, les formules cabalistiques jouent un rôle des plus importants. La *Pistis Sophia*, attribuée à Valentin, et que nous possédons en copte, contient des parties qui rappellent, par certains côtés, les rituels funéraires, et où l'on voit intervenir sans cesse les phrases consacrées, les interrogations gnostiques et les mots de passe.

La divinité est à la fois une et multiple dans la doctrine valentinienne, comme dans la doctrine égyptienne de cette époque. Sans perdre pour cela son unité, elle remplit le monde par ses émanations personnelles, qui ont pris corps, et constituent chacune un être divin ayant son domaine spécial. Dans Origène, comme dans la *Pistis Sophia*, chaque partie du monde, chaque étoile, chaque peuple, chaque ville, chaque division physique ou morale de l'univers a son esprit — qui y préside comme l'âme humaine préside au corps. De telle sorte que le monde entier est animé de cette manière et possède une vie distincte dans toutes ses parties [2].

La *gnose*, la science suprême du théologien et de l'initié, consiste à connaître ces êtres, — à les connaître par leurs noms, car l'idée se rattache intimement au nom pour former l'être dans ces émanations du verbe, de la pensée et de la parole du Dieu créateur. De là cette puissance souveraine des formules cabalistiques, à laquelle croyaient tous les gnostiques, païens ou chrétiens. Par le nom, on atteignait l'être, et celui-ci devait obéir si l'on possédait la formule créée, en même temps, pour cela, par l'Être suprême. C'était ainsi qu'on pouvait venir à bout de chaque obstacle qui se rencontrait, soit dans le monde des vivants, soit dans le monde des morts.

Il en est de même dans le papyrus démotique que nous étudions ; et, hâtons-nous de le dire, ce n'est pas en cela qu'il s'écarte le moins du monde des exemplaires les plus antiques du rituel funéraire. En effet, pour que le défunt franchisse la porte du séjour de béatitude, l'auteur de notre papyrus reprend à cet endroit le rituel funéraire traditionnel.

Mais le large emprunt qu'il fait ici au chapitre hiéroglyphique 125 constitue chez lui un nouveau chapitre, ayant pour titre : « Écrits qui font pénétrer dans la demeure par les

---

1. Pour toutes ces questions, voir le mémoire que j'ai publié en 1873 dans les comptes-rendus de l'Académie des Inscriptions et qui est intitulé : *Première étude sur le mouvement des esprits dans les premiers siècles de notre ère. Vie et sentences de Secundus.*
2. Voir *Ibidem.*

battants de porte fermés. » Cette demeure, nous venons déjà de vous le dire, c'est le royaume d'Osiris, c'est le séjour des bienheureux.

L'interrogation ne commence que quand le défunt arrive aux battants de la porte ; tandis que dans le livre des morts, avant de le laisser pénétrer jusque-là, on lui fait passer une sorte d'examen, absolument gnostique et pour nous incompréhensible, mais qui, devait paraître naturel aux sectes nombreuses dans lesquelles l'initiation, avec ses mystères, était une chose capitale.

Bien que j'aie tenu à vous donner une idée générale de tout le papyrus, je ne vous traduirai pas en entier ce chapitre, qui vous paraîtrait fastidieux, puisque vous n'avez pas reçu l'initiation indispensable pour en bien saisir la portée. En voici seulement le début :

« O Osiris Pamont ! viens ! pénètre dans la salle de droiture ! que l'on te connaisse !

« La porte prend la parole et dit : Je ne te laisserai pas passer à l'intérieur sans que tu « m'aies dit mon nom. Il lui dit : Celui qui ouvre les poitrines est ton nom.

« Les battants de portes parlèrent avec lui, en disant : Nous ne te laisserons pas passer « sans que tu nous aies dit notre nom. Il leur dit : Votre nom est : Ceux qui connaissent les « jugements.

« Le côté droit de la porte parla avec lui et dit : Je ne te laisserai pas passer sans que tu « me dises mon nom. Il lui dit : ton nom est celui qui fait la vérité, etc. »

Après cela interviennent le côté gauche de la porte, le seuil de la porte, la serrure, la clef, les panneaux, les montants, le sol.... enfin le portier. Nous reprenons ici la traduction littérale du manuscrit : « Le portier lui dit : Je n'annoncerai pas ton nom si tu ne m'as pas dit le « mien. Il répond et dit : Ton nom est celui qui connaît la constitution du cœur et qui connaît « ce qui est dans le flanc.

« Le portier lui dit : Je te ferai comparaître devant le dieu qui à cette heure.

« L'Osiris Pamont dit au portier : Quel est le dieu qui à cette heure ?

« Il lui répondit : C'est celui qui est grand dans le monde ?

« Il lui dit : Qui est celui qui est grand dans le monde ?

« Il lui répondit : C'est Thot, qui te sauvera.

« Thot lui parle en ces termes : Qu'on te fasse arriver. Viens devant Osiris ! je te ferai « comparaître ! qu'en est-il pour ta nature ?

« L'Osiris Pamont parla devant Thot, en disant : Je suis pur de tout mal, de tout péché. « Ceux qui, dans leurs jours, se sont écartés, je ne suis pas parmi eux, quant à moi.

« Thot lui dit : Je te ferai comparaître devant celui qui est dans le ciel de feu ; celui dont la « divine demeure est entourée d'uræus vivants, celui dans la maison duquel se trouve l'eau « qui enveloppe la terre.

« Entre, ajoute-t-il, devant Osiris. Je t'y ferai comparaître. Je te ferai donner le pain de la « demeure des approvisionnements, la bière de la demeure des approvisionnements, les offran- « des *hotep* de la demeure des approvisionnements. O Osiris Pamont, fils de Pamont, je « justifierai ta parole à jamais. »

Tout ceci, bien qu'encore imprégné de gnosticisme, est beaucoup plus net que les paragraphes correspondants du chapitre 125 du livre des morts hiéroglyphique.

, Somme toute, le rituel démotique de Pamont constitue bien, dans son ensemble et dans ses détails, une œuvre très intelligemment comprise, très harmonieuse et tout à fait originale. Aussi est-elle signée et datée :

« Ceci a été écrit par Menkara, fils de Pamont, pour son père grand qu'il aime, — !Pamont « fils de Pamont, fils d'Hermodore, enfanté par Tsépsémont, — afin de faire demeurer son « âme devant Osiris Ounnofré, le roi du monde entier, le roi de l'abîme, le chef de l'Amenti. « Qu'il bénisse Menkara son fils devant Osiris, le dieu grand, et aussi ses enfants, à jamais ! « Écrit l'an 10 de Néron, Claudius, César, Sébastos, Germanicos, Autocrator, le 10 paophi. »

Ce qui frappe dans ce *desinit* c'est que le fils, considérant son père comme un dieu, lui demande de le bénir, lui et ses enfants, à jamais, devant le dieu suprême.

Toute la doctrine égyptienne ne vous apparaît-elle pas maintenant telle qu'elle était quand elle se mit à envahir le reste du monde? A l'époque où, — sur l'emplacement qu'occupe aujourd'hui dans la ville de Rome le couvent chrétien de la Minerve (Sainte Marie *sur* Minerve), — s'élevait un temple d'Isis, dont on a encore retrouvé tout récemment des débris nombreux, et absolument égyptiens ; à l'époque où — sur l'emplacement de Saint-Germain-des-Prés, à Paris — s'élevait un autre temple de cette même Isis, dont une statue, conservée jusque dans le siècle dernier (où elle était reléguée sous le porche), fut détruite alors, parce que des bonnes femmes y faisaient acte d'adoration ; à l'époque où — comme nous le voyons par Pétrone — on considérait, en Italie même, le pillage de la barque d'Isis comme le plus grand des sacrilèges, la doctrine égyptienne s'offrait au peuple avec ces deux faces : l'une toute de gnosticisme, et l'autre toute de morale. De ces deux faces, celle qui représentait le plus fidèlement les vieilles traditions, dans toute leur pureté, c'était certainement celle de la morale.

La morale égyptienne est souvent d'une étonnante beauté. Bien supérieure à la morale juive, elle égale parfois la morale chrétienne.

Le fils de Pamont a résumé cette morale dans ses grands traits, d'une manière nette et saisissante.

Son père, justifiant la parole de l'être bon, se confirmant à ses préceptes, n'a pas dû se borner à ne pas faire le mal ; il a dû aussi faire le bien. Non seulement il n'a pas tué ; il n'a pas volé ; il n'a pas commis d'injustice ; il n'a pas porté de faux témoignage ; il n'a pas diffamé ; il n'a déshonoré le foyer de personne ; il n'a rendu personne infirme ; il n'a fait avoir faim, avoir soif à personne ; il n'a pas fait pleurer !... Mais il a donné du pain à celui qui avait faim, de l'eau à celui qui avait soif, des vêtements à celui qui était nu, une barque à celui qui, ayant perdu la sienne, se trouvait ainsi privé de ses moyens d'existence. Il a rempli, d'ailleurs, tous ses devoirs envers toutes les classes de la société : ne blessant personne par son orgueil, respectant ceux qu'il devait, ne faisant pas travailler ses gens avec excès, ne nuisant pas à l'esclave d'autrui dans l'esprit de son maître ; se montrant dans toute sa vie, dans toutes ses actions, dans toutes les circonstances, un être bon, — comme l'être bon suprême, — portant en lui l'image du divin Osiris et devenant, par cela même, un autre Osiris après la mort.

Je vous ai fait souvent admirer, dans mon cours de droit égyptien, l'équité, la douceur de cette législation, qui, sous tant de rapports, se rapproche de la nôtre, particulièrement en ce qui touche l'état de la femme, les droits de la femme, les droits des enfants, etc., qui souvent même peut être regardée, sans parti pris, comme lui étant supérieure. Eh bien ! cette législation est la fille de cette morale, qui sépare si profondément le culte égyptien des infâmes paganismes de l'Asie Mineure, par exemple.

Dans ce culte, la partie gnostique, la mythologie proprement dite, pouvait changer, à l'infini, de ville en ville, d'époque en époque. Mais ce qui restera toujours et partout, ce qui devait dominer au point de faire négliger tout le reste, ce fut l'idée de l'Être bon et de son imitation par l'homme, appelé à être bon comme lui.

Les temples égyptiens, d'Italie, d'Espagne, de Gaule, de Bretagne, de toutes les parties du monde antique, étaient spécialement consacrés au mythe d'Osiris, c'est-à-dire à l'histoire mythologique de cet Être bon qu'il fallait imiter sur terre.

Il n'y a pas à s'étonner si ce mythe se répandit en même temps que le christianisme et se confondit avec lui dans la secte valentinienne et dans d'autres sectes gnostiques.

Ce qu'on y voyait c'était une mise en action de cette morale égyptienne, de cette sagesse de l'Egypte qu'admiraient tant les sages de la Grèce, de la Judée, etc.

Je ne sais si vous partagerez mon impression. Mais il me semble que, parmi tous les monuments de la vallée du Nil, établis pour l'éternité, nul n'eût des bases plus solides que cette sagesse égyptienne, qui s'éleva de plus en plus dans la suite des générations, mais qui nous apparaît déjà brillante, colossale, pour ainsi dire, dominant les peuples antiques, dans les maximes de Ptah hotep, — lorsqu'on construisait les pyramides — et, plus sublime, plus resplendissante encore peut-être, dans cette sconfesion négative dont nous trouvons tant de reflets sur les stèles de l'ancien empire.

Eugène REVILLOUT.

BAUGÉ (MAINE-ET-LOIRE). — IMPRIMERIE DALOUX.